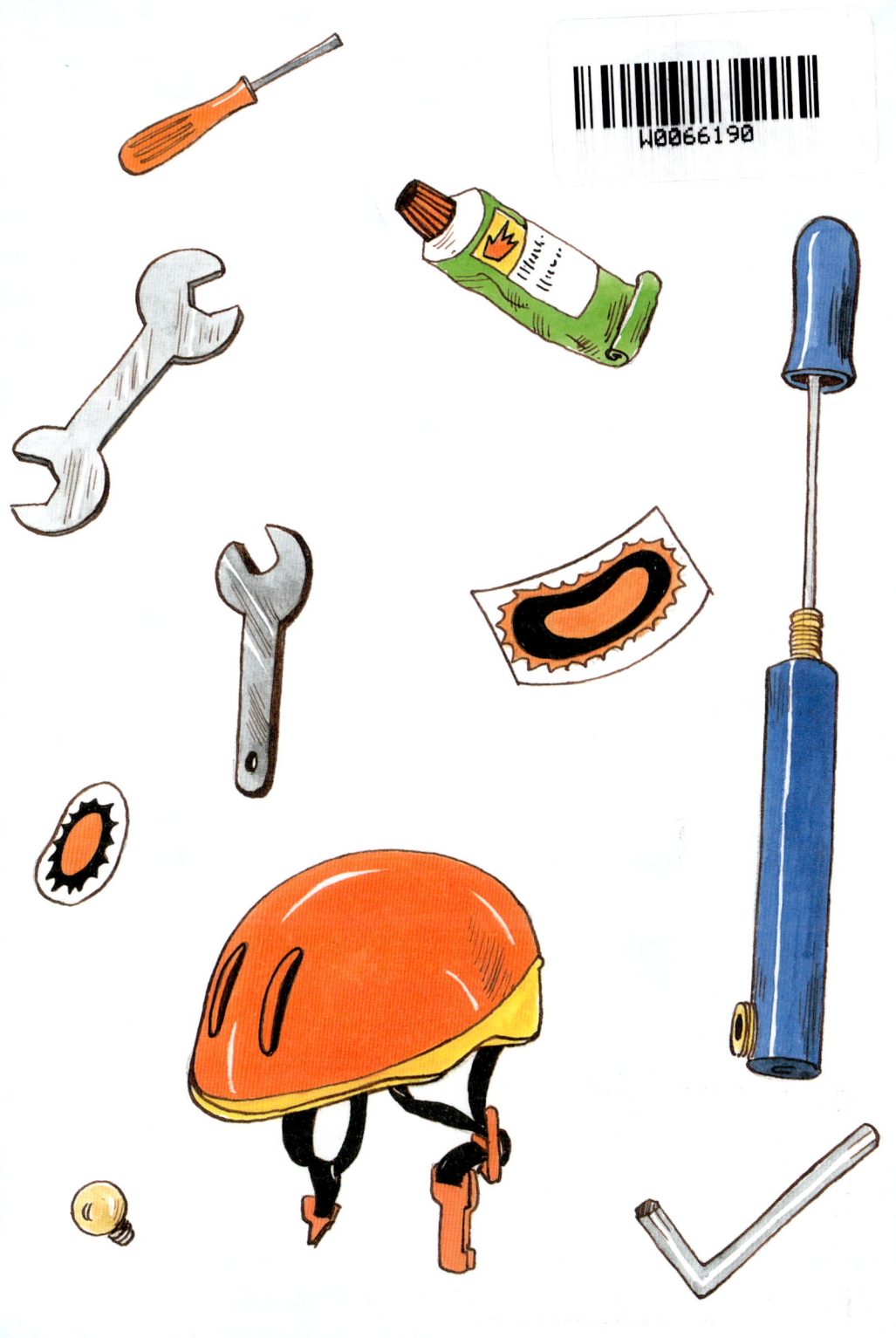

Werner Färber

Leselöwen
Fahrradgeschichten

Zeichnungen von Julia Drinnenberg

Loewe

*Der Umwelt zuliebe ist dieses Buch
auf chlorfrei gebleichtem Papier gedruckt.*

ISBN 3-7855-3311-X – 3. Auflage 2002
© 1999 Loewe Verlag GmbH, Bindlach
Umschlagillustration: Julia Drinnenberg
Gesamtherstellung: sachsendruck, Plauen
Printed in Germany

www.loewe-verlag.de

Inhalt

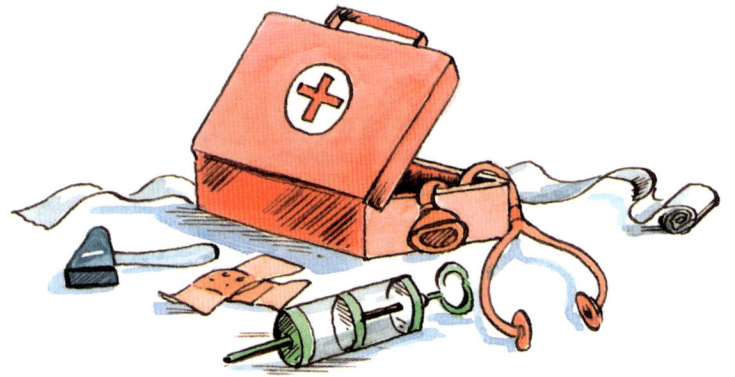

Doktor Benjamin operiert

„Guten Tag, Herr Doktor", sagt Lisa, als Benjamin sie in die Wohnung lässt.

Benjamin trägt den weißen Doktorkittel aus seinem Arztkoffer. Er hat einen Mundschutz um. An den Händen trägt er orange Gummihandschuhe.

„Hilfst du mir?", fragt Benjamin. „Ich wollte gerade operieren. Du könntest meine Krankenschwester sein."

„Wen operierst du denn? Deinen Hamster?", fragt Lisa.

„Quatsch", sagt Benjamin. Er führt Lisa ins Bad. Auf dem Fußboden liegt alles bereit. Benjamin nimmt einen zweiten weißen Kittel aus seinem Arztkoffer und hält ihn Lisa hin.

Kopfschüttelnd zieht Lisa ihn über. „Dass du immer so übertreiben musst", sagt sie. „Wenn du willst, dass ich mitmache, bin ich mindestens eine Ärztin. Ich mache die Betäubung."

„Meinetwegen", sagt Benjamin. Er bindet Lisa den Mundschutz um und gibt auch ihr ein Paar Gummihandschuhe.

Lisa rümpft die Nase. Die Handschuhe riechen nach muffigem altem Putz-wasser.

„So, fangen wir an?", fragt Benjamin.

Lisa nickt. „Die Betäubung wirkt schon."

„Also gut – halt mal fest", sagt Benjamin. Er deutet mit dem Finger auf die betreffende Stelle.

Lisa macht, was Benjamin sagt.

„Abreiben."

Lisa reibt ab.

„Tupfer."

Lisa reicht Benjamin einen Tupfer.

„Tube aufmachen – Schere – festhalten
– einreiben – noch mal festhalten –
abwischen – drücken – fester drücken, ja,
so ist es gut – du kannst es drauf tun."

„Was?", fragt Lisa.

Benjamin macht eine seitliche Kopf-
bewegung. „Das da."

„Hier?", fragt Lisa.

„Wo denn sonst? Gut. Und jetzt die
Luft."

„Jetzt schon? Ich würde noch warten", sagt Lisa zögernd.

„Wer operiert hier? Du oder ich?", erwidert Benjamin.

Lisa nimmt die Pumpe und erhöht langsam den Druck. Benjamin starrt gebannt auf die operierte Stelle. Wie es scheint, ist alles in Ordnung. Lässig zieht er die Gummihandschuhe aus. Er nimmt den Mundschutz ab und löst die Schleife seiner Kittelschürze. Im selben Moment macht es „Pffft."

„So ein Mist", sagt Benjamin. „Warum hält dieser blöde Flicken nicht?"

„Wenn du auf mich gehört hättest, wäre er noch drauf", sagt Lisa.

Sie hat Recht. Benjamin hätte warten sollen, bis der Gummikleber getrocknet ist. Jetzt muss er das Loch in seinem Hinterreifen noch einmal flicken.

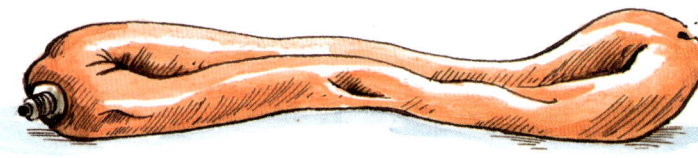

Wozu denn einen Helm?

Murat braucht ein neues Fahrrad. Sein
altes ist inzwischen zu klein für ihn. Papa
kommt mit in den Fahrradladen. Es
dauert nicht lange, und Murat hat das
richtige gefunden. Es hat allerdings
keinen Flaschenhalter.

„Wo soll ich meine Trinkflasche hin-
machen?", fragt Murat.

Papa bittet den Verkäufer, einen
Flaschenhalter zu montieren.

„Möchtest du darauf warten oder dein Fahrrad lieber morgen abholen?", fragt der Verkäufer.

„Wir holen es morgen", sagt Papa.

„Ich warte", sagt Murat gleichzeitig.

„Dauert nicht lange", sagt der Verkäufer. Er macht eine einladende Armbewegung über die ausgestellten Fahrräder. „Wie wäre es während der Wartezeit mit einer kleinen Probefahrt?", fragt er Papa. Schon schiebt er Murats Rad in die Werkstatt.

Papa sieht sich um. Als der Verkäufer wieder in den Verkaufsraum kommt, hat Papa tatsächlich ein Fahrrad ausgewählt, das er gerne Probe fahren würde. Der Verkäufer stellt die Sattelhöhe ein und reicht Papa einen Helm.

„Was soll ich denn damit?", fragt Papa. „Ich brauche keinen Helm. Ich bin seit zwanzig Jahren nicht mehr vom Fahrrad gefallen."

„Für den Fall der Fälle", sagt der Verkäufer. Er setzt Papa den Helm auf

und macht den Verschluss zu. Papa lässt es sich gefallen.

„Steht dir gut", sagt Murat.

„Ich weiß ja nicht", sagt Papa, als er sich im Spiegel betrachtet. Dann schwingt er sich aufs Rad, um eine Runde zu drehen.

Murat geht zum Mechaniker in die Werkstatt und schaut ihm zu. Der Flaschenhalter ist schnell montiert. Murats Fahrrad ist fertig. Doch Papa lässt auf sich warten. Gelangweilt schlendert Murat durch den Laden. Allmählich findet er es seltsam, dass Papa so lange wegbleibt.

Der Verkäufer scheint Murats Gedanken zu lesen. „Dein Papa kommt bestimmt gleich wieder", sagt er aufmunternd.

Es dauert allerdings noch eine weitere Viertelstunde, bis die Ladentür aufgeht. Papa trägt das Fahrrad über der Schulter. Die vordere Felge ist ein Ei, die Gabel ist krumm, der Lenker verkratzt. Der Helm hat eine dicke Macke.

„Papa!", ruft Murat erschrocken.

„Keine Panik. Ich bin in Ordnung", sagt Papa zu Murat. Er wendet sich an den Verkäufer: „Tut mir Leid um das Fahrrad. Es war allerdings nicht meine Schuld."

Papa erzählt, weshalb das Fahrrad so zugerichtet ist. Ein Auto ist zu schnell aus einer Hofeinfahrt gekommen. Der Fahrer hat Papa übersehen und angefahren. Papa ist über den Lenker gesegelt und mit dem Kopf gegen einen Laternenpfahl geprallt. Der Schaden wird von der Versicherung des Fahrers übernommen. Die Polizei hat den Unfall aufgenommen.

„Aha, sehr gut", sagt der Verkäufer. „Dann geht ja alles seinen Gang. Hat Ihnen das Fahrrad wenigstens zugesagt?"

Papa wiegt nachdenklich den Kopf. „Das kann ich Ihnen gar nicht sagen. Im Moment muss ich erst einmal den Sturz verdauen. Aber –", Papa deutet auf den kaputten Helm, „so einen werde ich mir auf alle Fälle zulegen."

Toller Hirsch
sucht Roten Pfeil

Die kleine Indianerin Flotte Zunge schaut
Toller Hirsch von der Seite an. „Und was
jetzt?", fragt sie.

Ihr sonst so tapferer Freund hat Tränen
in den Augen. „Keine Ahnung", antwortet
Toller Hirsch leise. „Das Beste wird sein,
ich gehe zum Sheriff."

„Der zieht dir doch sicher die Federn
über die Ohren." Toller Hirsch blickt
betreten auf seine Mokassins. Der Sheriff
ist nicht gut auf ihn zu sprechen. Aber

Toller Hirsch sieht keinen anderen
Ausweg. Er ballt die Faust um seinen
Bogen und presst die Lippen aufeinander,
um die Tränen zu unterdrücken.

Flotte Zunge legt ihm tröstend den Arm
um die Schultern. „Wir finden es wieder",
sagt sie leise. „Soll ich mitkommen?"
Toller Hirsch schüttelt den Kopf. Stumm
wendet er sich ab und macht sich auf
den Weg zum Hüter des Gesetzes, mit
dem er vergangene Woche aneinander
geraten war. Roter Pfeil, der heißblütige
Mustang von Toller Hirsch, war einfach
nicht mehr zu bremsen, als der Sheriff
überraschend um die Ecke kam.

Flotte Zunge sieht ihrem Freund hinterher. Während er seinen schweren Gang hinter sich bringt, will sie sich auf Spurensuche begeben. Roter Pfeil kann sich ja nicht einfach in Luft aufgelöst haben. Flotte Zunge steigt auf ihr altes, gutmütiges Pony, das sie liebevoll Lahme Krücke nennt. Systematisch durchsucht sie die Gegend.

Mittlerweile ist Toller Hirsch beim Büro des Sheriffs angekommen. Am Fuß der Treppen, die zu ihm führen, bleibt Toller Hirsch noch einmal stehen. Er holt tief Luft. Dann schreitet er entschlossen hinauf und öffnet die schwere Tür.

„Was führt dich zu mir?", fragt der Sheriff.

„Roter Pfeil ist verschwunden", sagt Toller Hirsch leise.

„Roter Pfeil? Muss ich den kennen?", fragt der Sheriff. „Bist du nicht der Junge, der mich letzte Woche beinahe umgerissen hat?"

Toller Hirsch nickt betreten.

„Na ja, Schwamm drüber. Bin heute gut gelaunt", sagt der Sheriff. „Roter Pfeil, Roter Pfeil, sag mal, bist du nicht bei unserem letzten, ähm – Treffen – auf so einem roten Flitzer gesessen?"

Toller Hirsch nickt wieder. Diesmal etwas heftiger.

„Ah, jetzt verstehe ich. Roter Pfeil ist verschwunden. Ist wohl davongelaufen." Der Sheriff lacht. Dann merkt er, dass sein Witz nicht so gut angekommen ist. „Entschuldige", sagt er. „Gestohlen?"

„Ja." Toller Hirsch ist kaum zu hören.

„War dein, ähm – Roter Pfeil – festgemacht?"

Toller Hirsch schüttelt den Kopf. „Wir wollten nur schnell im Laden was zu trinken holen."

„Wir?"

„Flotte Zunge und ich", antwortet Toller Hirsch.

„Ah, eine Zeugin. Habt ihr jemanden gesehen?"

Toller Hirsch schüttelt den Kopf.

„Tja", sagt der Sheriff, „bevor wir die Spur der Diebe aufnehmen, musst du das hier ausfüllen." Er reicht Toller Hirsch ein Blatt Papier. „Du kannst doch schreiben?"

Toller Hirsch schenkt dem Sheriff einen verächtlichen Blick.

„Entschuldige", sagt der Sheriff.

Toller Hirsch beugt sich über das Blatt und beginnt zu schreiben.

Einige Zeit herrscht Stille.

Plötzlich fliegt hinter Toller Hirsch die Tür auf und donnert mit lautem Knall gegen die Wand.

Toller Hirsch dreht sich erschrocken um. Erleichtert stellt er fest, dass es nur Flotte Zunge ist, die sich da so eindrucksvoll Zutritt zum Büro des Sheriffs verschafft hat.

„Felix, Roter Pfeil ist wieder da", sagt Flotte Zunge zu Toller Hirsch.

„Echt? Wo war er?", fragt Toller Hirsch.

„Die Cowboys aus der Dritten haben alles gestanden. Sie hatten ihn entführt. Es sollte ein Scherz sein."

„Blöder Scherz", sagt Toller Hirsch. Dann wendet er sich an den Sheriff: „Vielen Dank für Ihre Bemühungen."

„Dein Fahrrad ist also wieder aufgetaucht?", fragt der Sheriff.

„Ja, auf Flotte Zunge kann man sich verlassen", sagt Felix. Er nimmt Pamela an der Hand. Eilig verlassen die als Indianer verkleideten Kinder die Polizeistation. So schnell wie möglich wollen sie sich wieder in das Getümmel des Straßenkarnevals stürzen.

Parke nicht auf unsern Wegen

Silvia fährt mit ihrem Papa im Auto zum Einkaufen. „Warum halten wir?", fragt sie.

„Die Ampel ist rot", sagt Papa und kurbelt sein Fenster herunter.

„Was machst du, Papa?", fragt Silvia.

„Da klebt etwas am Außenspiegel", antwortet er.

„Was denn?", fragt Silvia und reckt den Hals.

„Ein Aufkleber", sagt Papa. Er versucht, ihn mit den Fingernägeln abzukratzen.

„Grün, Papa", sagt Silvia von hinten.

„Hm? Ach ja, danke." Papa kurbelt das Fenster wieder hoch und fährt weiter.

„Was ist das für ein Aufkleber?", fragt Silvia. Sie reckt sich noch mehr, bis sie über Papas Schulter den Außenspiegel sehen kann. „Wieso hat jemand ein Bild von einem Fahrrad auf unseren Spiegel geklebt, Papa?"

„Um mich zu ärgern", sagt Papa.

„Wieso will dich jemand ärgern, Papa? Ich finde das echt gemein, wenn dich jemand einfach nur so ärgert."

„Ja, finde ich auch", sagt Papa. Schon hält er an der nächsten roten Ampel.

Wieder kurbelt er die Scheibe herunter und versucht, den Außenspiegel sauber zu bekommen.

„Was steht denn auf dem Aufkleber?", fragt Silvia.

Silvias Papa seufzt. „Parke nicht auf unsern Wegen", sagt er leise.

Silvia versteht ihn nicht richtig. „Was?", fragt sie.

„Parke nicht auf unsern Wegen!", ruft Papa laut nach hinten.

„Papa? Wieso klebt jemand so einen Aufkleber auf unseren Spiegel?"

„Wenn das Mistding wenigstens wieder abgehen würde", schimpft Silvias Papa vor sich hin.

„Grün", sagt Silvia wieder.

Silvias Papa kurbelt die Scheibe hoch. Der Aufkleber ist immer noch nicht ganz weg.

Endlich begreift Silvia. „Papa, jetzt weiß ich, warum das Ding da klebt."

Papa sagt nichts.

„Du hast auf einem Radweg geparkt.
Hab ich Recht?", fragt Silvia.

„Ja, ich hab's eilig gehabt", sagt Silvias
Papa kleinlaut. „Hat keine zwei Minuten
gedauert."

„Aber du hast auf dem Radweg
gestanden?"

29

„Ja", gibt Silvias Papa zu.

„Papa?"

„Was denn?"

„Dann finde ich es gar nicht mehr so gemein, wenn jemand diesen Aufkleber auf unseren Spiegel klebt. Du findest es doch selber doof, wenn Autos auf dem Radweg stehen."

Wieder eine rote Ampel.

„Ich weiß, du hast ja Recht", sagt Silvias Papa. Er kratzt die Reste des Aufklebers herunter.

„Dann machst du es halt nie mehr wieder", sagt Silvia.

„Versprochen", sagt Papa.

„Grün", sagt Silvia.

„Hm? Ach so, ja, danke", sagt Papa und fährt weiter.

Unter Druck

Auf halbem Weg zu Heike bemerkt Nils,
wie sein Vorderreifen immer platter wird.
Er verlangsamt das Tempo. Die Zahlen
des Tachometers springen zuckend
rückwärts bis zur Null. Nils steigt ab. Der
Vorderreifen lässt sich mühelos zwischen
Daumen und Zeigefinger zusammen-
drücken. Die Pumpe liegt natürlich
wieder mal da, wo sie am meisten nützt:

zu Hause. Jetzt kommt er garantiert zu spät zu Heikes Geburtstagsparty.

„Wer nicht pünktlich ist, bekommt keine Torte", hat Heike allen Druck gemacht. Sogar Nils, der sonst immer pünktlich ist.

Verärgert schlägt er mit der Faust auf den Sattel. Er beugt sich zum Vorderrad hinunter und lauscht. Nicht einmal das leiseste Zischen ist zu hören. Doch das ist kein Wunder. Wie soll aus einem platten Reifen noch Luft kommen? Nils schaut sich suchend um. Weiter vorn ist eine Tankstelle. Das ist die Rettung! So schnell er kann, schiebt er sein Rad neben sich her. Die Zahlen auf dem Tacho gehen hoch bis zur Zehn.

An der Tankstelle schließt Nils das Druckluftgerät an sein Vorderrad an und drückt
den Knopf. Ruck, zuck steht der Zeiger
bei sechs. Nils prüft den Reifen mit dem
Daumen. Das sieht ganz gut aus. Aber
vermutlich entweicht die Luft erneut. Er
drückt noch mal auf den Knopf. Der Zeiger
wandert höher: Sieben, acht, neun …

Plötzlich tippt ein Mann in blauem Arbeitsanzug Nils auf die Schulter. „Hör auf, das ist viel zu viel", sagt der Mann.

Nils erschrickt. Wo ist der nur so plötzlich hergekommen? Das Druckluftgerät zischt weiter … zehn, elf, peng!

„Oh nein!", ruft Nils genervt. Die Sahnetorte kann er sich abschminken.

„Sag ich doch", meint der Tankwart achselzuckend. „Bei fünf hättest du aufhören müssen. Mehr Druck verträgt ein Fahrradreifen nicht."

„Gibt es hier ein Telefon?", fragt Nils. Vielleicht gönnt ihm Heike ja doch ein Stück Torte, wenn er Bescheid sagt, dass er später kommt.

Die Abkürzung

Familie Birkenhauer ist zum Zelten nach Italien gefahren. Die Fahrräder haben sie auch dabei. Gleich am zweiten Tag brechen sie auf zu einem See, der nicht weit vom Zeltplatz entfernt sein soll.

Oliver hat keine Lust auf Radfahren. Er würde nämlich lieber mit Sven spielen, der zwei Zelte weiter wohnt. Marion möchte beim Zelt bleiben und lesen. Aber Mama und Papa bestehen darauf, dass sie mitkommen.

Mama fragt eine alte Frau nach dem
kürzesten Weg. Aus dem zahnlosen
Italienisch der Frau wird allerdings weder
Mama noch Papa schlau. Erst als ein
hilfreicher junger Mann hinzukommt,
verstehen Mama und Papa, wo es lang-
geht.

„Mille grazie", sagt Papa anstelle von
„Danke schön". „In zwanzig Minuten seid
ihr im Wasser. Also – kein Gemecker
mehr."

Nach einer Dreiviertelstunde sind sie
immer noch nicht am See.

„Wie lang dauert es denn noch?", fragt
Oliver.

„Fünf Minuten", sagt Papa. Zehn Minuten später behauptet er wieder, dass sie ganz sicher in fünf Minuten da sein werden.

„Ich hab Hunger", mault Marion. Auch sie hat keine Lust mehr.

Die Familie hält am Straßenrand an. Marion bekommt einen Pfirsich. Oliver leert seine Trinkflasche in einem Zug. Mama und Papa versuchen, sich auf der Landkarte zu orientieren.

„Wir müssten jetzt hier sein", sagt Mama.

„Dann fahren wir auf diesem Feldweg weiter. In fünf Minuten sind wir am See", sagt Papa.

„Ha, ha, schon wieder fünf Minuten", mault Oliver.

Der Feldweg, den Papa als Abkürzung nehmen will, sieht nicht sehr einladend aus. Immer höher steht das Gras auf dem holprigen Weg. Nach zehn Minuten endet er im Nichts.

„Und wo ist jetzt der See?", fragt Marion.

„Ausgetrocknet", sagt Oliver.

„Eigentlich müssten wir längst auf der andern Seite der Bahn sein", sagt Mama.

Papa will noch immer nicht aufgeben. Entschlossen stapft er durchs hohe Gras, bis er am Zaun einer Viehweide nicht mehr weiterkommt. „Bestimmt ist der Weg auf der andern Seite wieder besser." Er öffnet das Gatter.

„Und die Kühe?", fragt Marion unsicher.

Papa winkt ab. „Kühe sind friedliche Tiere. Nun kommt schon. Sonst hauen uns die Viecher durchs offene Gatter ab."

Im Gänsemarsch schieben sie die Räder über die Weide. Eine Kuh brüllt. Die Herde setzt sich in Bewegung.

Oliver wagt kaum hinzusehen.

„Mama, die kommen", sagt er.

„Die sind nur neugierig", sagt Mama. Ihre Stimme klingt jedoch ziemlich dünn.

Oliver tritt in einen Kuhfladen. Er versucht, den Schuh im Gras sauber zu wischen. Papa hat inzwischen das Gatter

am anderen Ende der Weide erreicht.
Mama schiebt ihr Fahrrad als Erste
hinaus. Dann kommt Marion, dann Papa.
Die Kühe beschleunigen ihr Tempo. Nur
noch Oliver ist auf der Weide.

„Oliver!", ruft Marion. „Pass auf!"

Oliver sieht sich um. Die ganze Herde
trampelt auf ihn zu. Jetzt aber los! Sein
Hinterrad hüpft und tanzt über Erdhügel
und Grasbüschel. Die Kühe holen auf.

„Lauf, Oliver! Mach schon!", ruft Papa. Er lässt sein Fahrrad fallen und kehrt mit ausgebreiteten Armen auf die Weide zurück. „Hussa! Heia!", brüllt er. „Haut ab!"

Oliver rennt an ihm vorbei von der Weide. Papa fuchtelt wild mit den Armen und läuft rückwärts. Endlich dreht er sich um und bringt die letzten Meter im Sprint hinter sich. Mama schiebt im letzten Moment den Riegel am Gatter vor. Brüllend und schnaubend bleiben die Kühe stehen.

„Friedliche Tiere", stößt Oliver hervor. „Das sind keine Kühe", sagt Mama. „Was sonst?", fragt Marion. „Hühner?" „Junge Bullen", sagt Mama.

Der Weg hinter der Weide ist um keinen
Deut besser als das letzte Stück davor.
Umkehren will trotzdem niemand. Lieber
folgen sie über Stock und Stein dem
schmalen Trampelpfad unterhalb der
Bahngleise. Bremsen und Stechmücken
fallen über sie her.

Endlich gelangen sie an die gesuchte
Unterführung. Nach über zwei Stunden
erreichen sie erschöpft und zerstochen
den See.

Im Schatten eines Feigenbaumes breiten sie ihre Badelaken aus. Da watschelt Sven vom Campingplatz mit Flossen, Taucherbrille und Schnorchel an ihnen vorüber.

„He, was machst du denn hier?", ruft Oliver ihm zu.

„Baden. Was sonst?", erwidert Sven.

„Und wie bist du hergekommen?", fragt Marion.

„Getaucht wahrscheinlich", sagt Papa.

„Ach wo", sagt Sven. „Wir sind gelaufen."

„Gelaufen?", fragt Marion erstaunt. „So weit?"

Sven schaut sie überrascht an. „Wieso weit? Der Zeltplatz ist doch gleich bei dem Wäldchen da drüben." Er dreht sich um und zeigt ihnen die Richtung. Tatsächlich, zwischen den Bäumen kann man die Zelte sehen.

„Wieso kommt ihr eigentlich jetzt erst?", fragt Sven. „Wir sind schon seit zwei Stunden hier."

Familie Birkenhauer sagt zunächst einmal gar nichts. Mama fährt sich mit dem Handrücken über die verschwitzte Stirn. Papa schüttelt fassungslos den Kopf. Marion sinkt wortlos im Sand nieder.

Oliver fängt sich als Erster: „Meine Eltern haben eine Abkürzung gefunden."

Nie wieder Schlusslicht

Neun lange Runden ist Jan das Schlusslicht gewesen. Jetzt hat er genug. Kurz vor dem Ende der zehnten und letzten Runde setzt er zum Überholen an. In dieser unübersichtlichen Kurve ist das zwar verboten, aber das ist Jan jetzt egal. Er muss einfach an die Spitze. Und von vorn kann sowieso nichts kommen.

Jan schaltet einen Gang herunter, um zu beschleunigen. Seine Beine stampfen

47

bald zweimal so schnell auf und ab wie die der anderen Kinder. Schon ist er Vorletzter, Drittletzter, Viertletzter. Hundert Meter vor dem Ziel hat er einen Mittelplatz erobert. Wird er das restliche Feld auch noch überholen? Jan fühlt sich gut. Er wird es schaffen. Seine Beine funktionieren wie zwei Uhrwerke. Auf, ab, auf, ab, auf, ab. Nur noch vier sind vor ihm, noch drei, noch zwei, noch einer. Jan ist als Erster im Ziel. Jubelnd reißt er die

Arme hoch. Der Beifall bleibt allerdings
aus.

Alle Kinder halten an und stellen ihre
Räder ab. Sie versammeln sich rings um
die beiden Polizisten. Das vierte Treffen
auf dem Verkehrsübungsplatz geht zu
Ende. Nächste Woche folgt die Prüfung
für den Fahrradführerschein.

„Wie war gleich dein Name?", wendet
sich der eine Polizist an Jan.

„Jan Zülke."

„Wir hatten doch vereinbart, die Reihenfolge bis zum Schluss beizubehalten, Jan. Du bist ausgeschert, ohne nach hinten zu sehen. Du hast in einer unübersichtlichen Kurve überholt. Und am Ende bist du auch noch freihändig gefahren. Im richtigen Verkehr ist das lebensgefährlich. Und wenn du das nächste Woche bei der Prüfung genauso machst, können wir dir ganz bestimmt keinen Führerschein geben."

Jan bläst die Backen auf. „Weiß ich doch alles. Aber ich muss seit vier Wochen immer als Letzter fahren. Bloß weil ich im Alphabet ganz hinten komme. Das macht keinen Spaß."

Die Polizisten sehen einander an. „Hilft es dir, wenn wir nächste Woche in umgekehrter Reihenfolge starten?", fragt der eine.

„Wirklich?"

„Ja, klar, kein Problem", antworten beide Polizisten.

Jan ballt die Siegerfaust. Jetzt ist er ganz sicher, dass er die Fahrradprüfung nächste Woche locker bestehen wird.

Ein Plattfuß und andere Pannen

„Maren, bist du endlich so weit?", fragt Mama.

„Ich kann meinen Helm nicht finden", sagt Maren.

Mama dreht sich um und geht aus dem Zimmer. „Na schön, dann fällt die Radtour eben aus."

„Mama! Warte! Das ist Erpressung!", ruft Maren empört. Sie folgt Mama in den Flur.

„Also gut, noch fünf Minuten", sagt
Papa. Er nimmt den kleinen Rucksack
vom Rücken und setzt sich mit Mama an
den Küchentisch.

Maren verschwindet wieder in ihrem
Zimmer. Wie soll sie in fünf Minuten ihren
Helm finden? Sie sucht doch schon seit
einer halben Stunde. Da fällt es ihr
wieder ein. Sie hat ihn gestern nicht mit in
die Wohnung gebracht.

„Ich weiß, wo er ist!", verkündet Maren stolz. „Er hängt unten an meinem Lenker."

„Na, dann können wir ja endlich", sagt Papa.

„Hast du Regenjacken eingesteckt?", fragt Mama.

„Ja, hab ich", antwortet Papa. „Aber es regnet sowieso nicht."

Sie gehen hinunter in den Fahrradkeller. Mamas Fahrrad steht ganz hinten. Es ist von anderen Fahrrädern eingeklemmt.

„Gib mir mal deinen Fahrradschlüssel", sagt Papa zu Mama.

Mama durchsucht ihre Taschen. „Ach, den hab ich doch glatt vergessen", sagt sie und rennt nochmal hinauf in die Wohnung.

Während Papa sich zu Mamas Fahrrad vorarbeitet, dreht Maren schon ein paar Runden in der Tiefgarage. „Papa!", ruft Maren. „Mein Fahrrad fährt so eierig. Schaust du mal, ob ich genug Luft in der Kette habe?"

Papa lacht. „Die Kette sieht ganz gut aus. Aber dein Hinterreifen ist ziemlich platt. Komm mal her, ich pumpe ihn dir auf."

Papa zieht die Luftpumpe aus dem Rucksack und schraubt das Ventilkäppchen an Marens Hinterrad ab. „So ein Mist", sagt er.

„Was ist denn, Papa?", fragt Maren.

„Ich habe keinen Adapter für dein Ventil."

„Was ist ein Adalbert?"

„Adapter heißt das. Das ist eine kleine Schraube, die man auf dein Ventil schrauben kann, damit meine Pumpe passt."

„Ich weiß, wer so einen Adalbert hat. Horsti hat das gleiche Fahrrad wie ich. Der hat gestern beim Aufpumpen so ein Ding benutzt."

„Frag ihn doch, ob er es dir ausleiht", sagt Papa.

Maren geht zu Horsti, um den Adapter zu holen. Mama kommt mit ihrem Schlüssel zurück. Wenigstens das erste Problem ist gelöst.

Als Maren den Adapter bringt, schraubt Papa an seiner Bremse herum. Er meint, sie sei viel zu locker eingestellt. Papa schraubt fünf Minuten, zehn Minuten, fünfzehn Minuten. Mama hat Marens platten Reifen inzwischen längst aufgepumpt. „Fertig", sagt Papa, „wir können."

Papa, Maren und Mama schieben die
Räder die Auffahrt der Tiefgarage hinauf.

Sie steigen auf und radeln los. Als sie
um die erste Straßenecke biegen, beginnt
es mit einem krachenden Donnerschlag
zu regnen. Bei so einem Wolkenbruch
helfen auch keine Regenjacken mehr. Da
gibt es nur noch eines: Nichts wie zurück
in die trockene Wohnung.

Werner Färber wurde 1957 in Wassertrüdingen geboren. Er studierte Anglistik und Sport in Freiburg und Hamburg und unterrichtete anschließend an einer Schule in Schottland. Seit 1985 arbeitet er als freier Übersetzer und schreibt Kinderbücher.

Julia Drinnenberg hat Grafik studiert. Ihr Arbeitsschwerpunkt liegt im Bereich der Karikatur, aber seit einiger Zeit illustriert sie auch erfolgreich Kinderbücher. Julia Drinnenberg ist verheiratet und hat drei Kinder.

Leselöwen

Jede Geschichte ein neues Abenteuer

Leselöwen Schulhofgeschichten — Manfred Mai

Leselöwen Freundschaftsgeschichten — Milena Baisch

Leselöwen Skatergeschichten — Marliese Arold

Leselöwen Klassenfahrtgeschichten — Utti Schubert

Leselöwen Mädchengeschichten — Gerit Kopietz

Leselöwen Familiengeschichten — Katharina Kühl

Leselöwen Ponygeschichten — Sigrid Heuck

Leselöwen Rätselkrimis 1 — Fabian Lenk

Leselöwen Mutgeschichten — Manfred Mai

Loewe